Die schönsten Mandalas für alle Jahreszeiten

ISBN 3 8094 1622 3

Cover und Layout: Petra Dorkenwald, München
Malvorlagen: S/L-Kommunikation, Monika Niedermair, Wörthsee

Druck und Bindung: Těšínská tiskárna, a. s., Český Těšín
Printed in Czech Republic

048/009790303X817 2635 4453 62

Die schönsten

MANDALAS

für alle Jahreszeiten

Bassermann

Die Jahreszeiten verschlüsselt in Mandalas

In allen Kulturen der Welt werden Wandlungs- und Entwicklungsprozesse in der Kreisform von Mandalas abgebildet: so der Lauf der Zeit, des Lebens, der Gestirne, der Kalender und der gleichmäßige Wechsel der Jahreszeiten, der das existentielle Prinzip des Werdens und Vergehens erlebbar macht.

Mandalas für alle Jahreszeiten folgen dieser Kreisförmigkeit allen Lebens und regen Sie zu einem persönlichen, seelisch-geistigen Dialog an.

Die so wenig erfaßbare Mitte, das Selbst, das Ich ist zu erfahren, all das, was oft nur in Träumen, Vorstellungen und Erinnerungen aufbewahrt scheint, aber nur selten zur Anschauung gebracht werden kann.

Ruhe und Entspannung, Konzentration und Kraft werden erlebbar und lassen Menschen jeden Alters die positive Wirkung der Mandalas empfinden. Erfreuen Sie sich an der Faszination, die gerade Kinder im Umgang mit Mandalas zeigen.

Im Mandala-Malen finden Sie Ihren Weg zur Mitte und erfahren die Kraft, die die neu gefundene Mitte ausströmt.

Tips zum Gestalten der Mandalas

Betrachten Sie in Ruhe die vielen verschiedenen Varianten und wählen Sie diejenigen aus, die Sie am meisten ansprechen.

Vervollständigen Sie die Mandalas, wenn Sie neue Formen in ihnen sehen.

Sie können ein Mandala sowohl von außen nach innen als auch von innen nach außen sehen und gestalten.

Sie treffen die Farbwahl und sehen weitere Formen, die sich aus den vorhandenen ergeben können.

Alle Farben und Mischfarben sowie alle Materialien – Holzbuntstifte, Deck- oder Aquarellfarben, Öl- oder Wachsmalkreide – sind geeignet.

Ihr Gefühl für Form und Material wird Sie leiten.

Formen und Farben

Form und Farbe sind die Bausteine aller visuellen Symbole, und alle Kulturen der Welt haben mit ihnen gespielt. Geschaffen wurden sowohl universale Ausdrucksformen als auch den verschiedenen einzelnen Kulturen entsprechende sehr unterschiedliche Auslegungen. Nicht selten durchliefen sie zusätzlich noch einen historischen Bedeutungswandel. So ist eine scheinbar eindeutige Zuordnung wie »Weiß steht für Unschuld« nur eine verkürzte Deutung, die bestenfalls für einen Kulturraum oder eine historische Zeit Gültigkeit beanspruchen kann. Auch Formen und Farben unterliegen dem Wandel und können ihren Ausdruckswert verändern.

Formen

Der Kreis

Schon in der Frühzeit wurde der Kreis zum Symbol von Göttlichkeit; später wird er zum Glorienschein der Engel. Da der Kreis weder Anfang noch Ende hat, repräsentiert er das Unendliche, Vollkommene und Ewige. Häufig ist er das Symbol für Gott.

Das Quadrat

Das Quadrat symbolisiert Stabilität. Auch die Bedeutung von Verläßlichkeit, Rechtschaffenheit und Sicherheit schwingt mit. In der hinduistischen Symbolik versinnbildlicht das Quadrat das geordnete Universum und den Ausgleich der Gegensätze.

Das Dreieck

Die Zahl Drei symbolisiert die Trinität. Mit der Spitze nach oben weisend, steht das Dreieck für den Aufstieg zum Himmel, für Feuer, für das aktive männliche Prinzip. Andersherum symbolisiert es die Gnade, Wasser sowie das passive weibliche Prinzip.

Die Mondsichel

Wie der Mond zum Vollmond wird und dann wieder abnimmt, so symbolisiert die Mondsichel den Wechsel in der Welt der Formen. Sie stellt das Neuentstehende dar sowie die magische Kraft, die die Formen verändert. Die Mondsichel ist das Emblem des Islam. In Verbindung mit einem Stern symbolisiert sie Herrschaft und Göttlichkeit.

Das Oval

Dies ist ein Symbol der weiblichen Genitalien und des weiblichen Prinzips. Horizontal betrachtet wird daraus das Auge, das alles sieht; am bekanntesten ist das Auge des Horus, des ägyptischen Herrn des Himmels. In heidnischen Kulturen erscheint das Auge als Symbol des Sonnengottes, in der christlichen Ikonographie als Gottvater.

Farben

Rot

Die Farbe Rot, die die Lebenskraft der animalischen Welt darstellt, steht für die Energie des Körpers, die Farbe, die bei starker emotionaler Erregung das Gesicht erglühen läßt. Rot ist die Farbe des Krieges und des Kriegsgottes Mars sowie die Farbe Jupiters, des höchsten römischen Gottes. Es ist die Farbe der Männlichkeit und Tatkraft. Für die Chinesen ist Rot glückverheißend, für die Christen ein Zeichen für die Passion Christi.

Gold

Gold, die Farbe der Sonne, ist das Symbol der Erhabenheit und des göttlichen Prinzips, das in der Materie zum Ausdruck kommt. Für die Ägypter war diese Farbe mit dem Sonnengott Re verbunden sowie mit Getreide. Für die Hindus ist sie das Symbol der Wahrheit. Die Griechen betrachteten die Farbe Gold als Symbol der Vernunft und Unsterblichkeit.

Blau

Blau ist die Farbe des Intellekts, des Friedens und der Kontemplation. Blau stellt Wasser und Kühle dar und symbolisiert den Himmel, die Unendlichkeit sowie die Leere, aus der die Existenz entsteht und zu der sie zurückkehrt. Für die Christen ist Blau die Farbe der Jungfrau Maria als der Königin des Himmels. Sie steht für Glaube, Treue und das Wasser der Taufe.

Grün

Grün symbolisiert die Welt der Empfindungen, aber auch allgemein die Natur. Es handelt sich um eine mehrdeutige Farbe, da sie auch mit der Eifersucht in Verbindung gebracht wird. Eine positive Deutung enthält die Verbindung mit der keltischen Insel der Seligen Tir Nan Og.

Farben

Violett

Die Farbe, die die Macht der Farbe Rot mit der Heiligkeit und Weisheit der Farbe Blau verbindet, ist die mystische Farbe par excellence. Als Konzentrationspunkt der Meditation kann sie das Bewußtsein in höhere Regionen hinauftragen. Violett bedeutet aber auch Trauer und Schmerz.

Gelb

Gelb oder Goldgelb bedeutet Verrat und Treuebruch. Eine gelbe Fahne wurde in der westlichen Welt benutzt, um Krankheit und Ansteckungsgefahr zu signalisieren. In China aber war es die Nationalfarbe, die heilige Farbe des Kaisers und der Mitte. Für die Buddhisten ist Gelb die Farbe der Demut. Daher auch die safrangelben Mönchskutten.

Schwarz

In der westlichen Welt gilt Schwarz als das Symbol von Tod, Trauer und Unterwelt. Die schwarze Katze als Glücksbringerin ist eine relativ moderne Vorstellung. Für die Hindus stellt Schwarz die Zeit und die zerstörende Göttin Kali dar, für die Ägypter Wiedergeburt und Auferstehung.

Weiss

Weiß steht für Unschuld, Reinheit, Jungfräulichkeit und Transzendenz, aber auch für die Totenblässe. Im Orient ist es die Farbe der Trauer. Für die Tibeter ist Weiß die Farbe des Bergs Meru, dem Berg im »Zentrum der Welt«, und weist auf die Erleuchtung hin.

Die schönsten Mandalas für den FRÜHLING

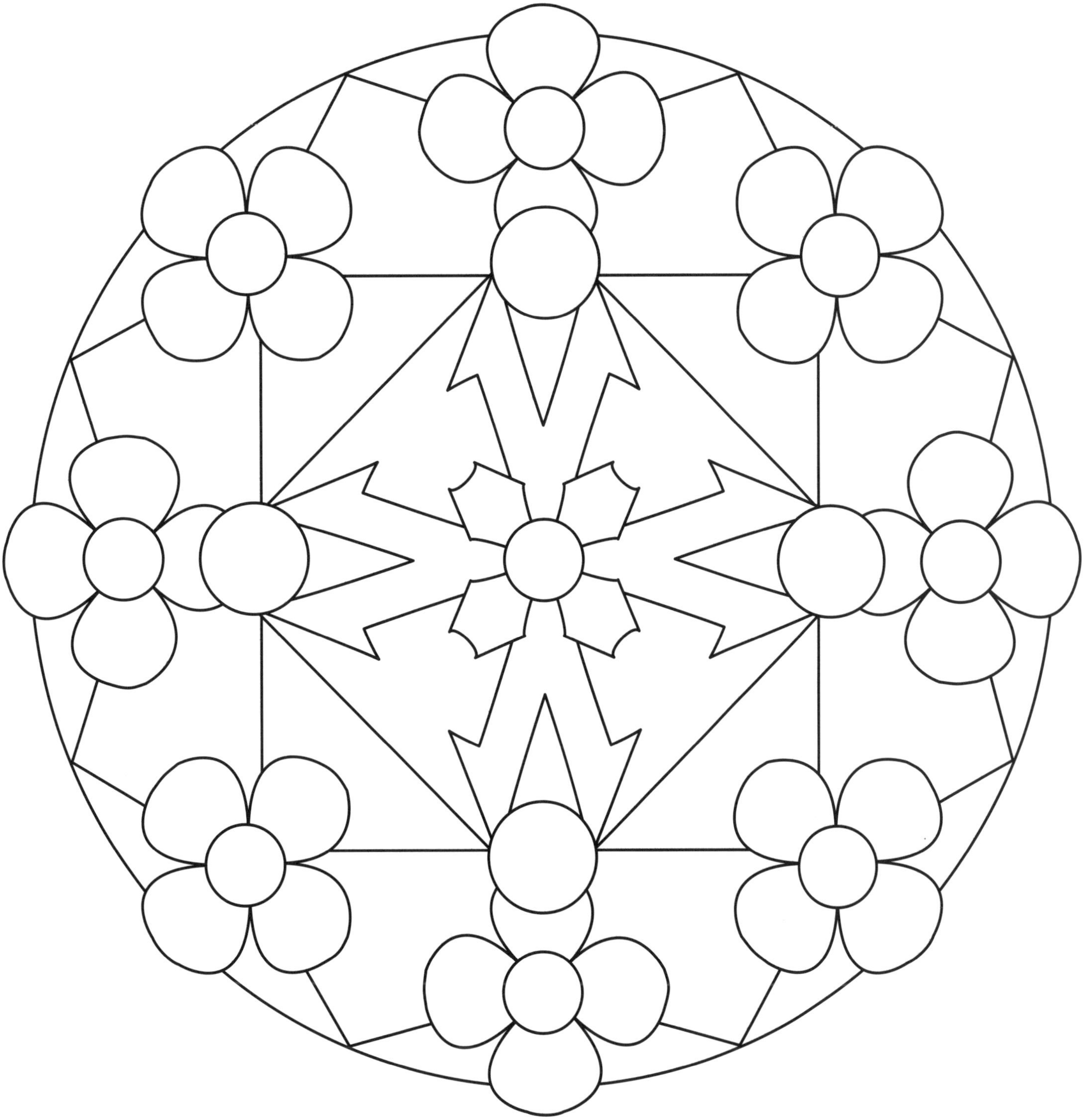

Die schönsten Mandalas für den

SOMMER

Die schönsten Mandalas für den HERBST

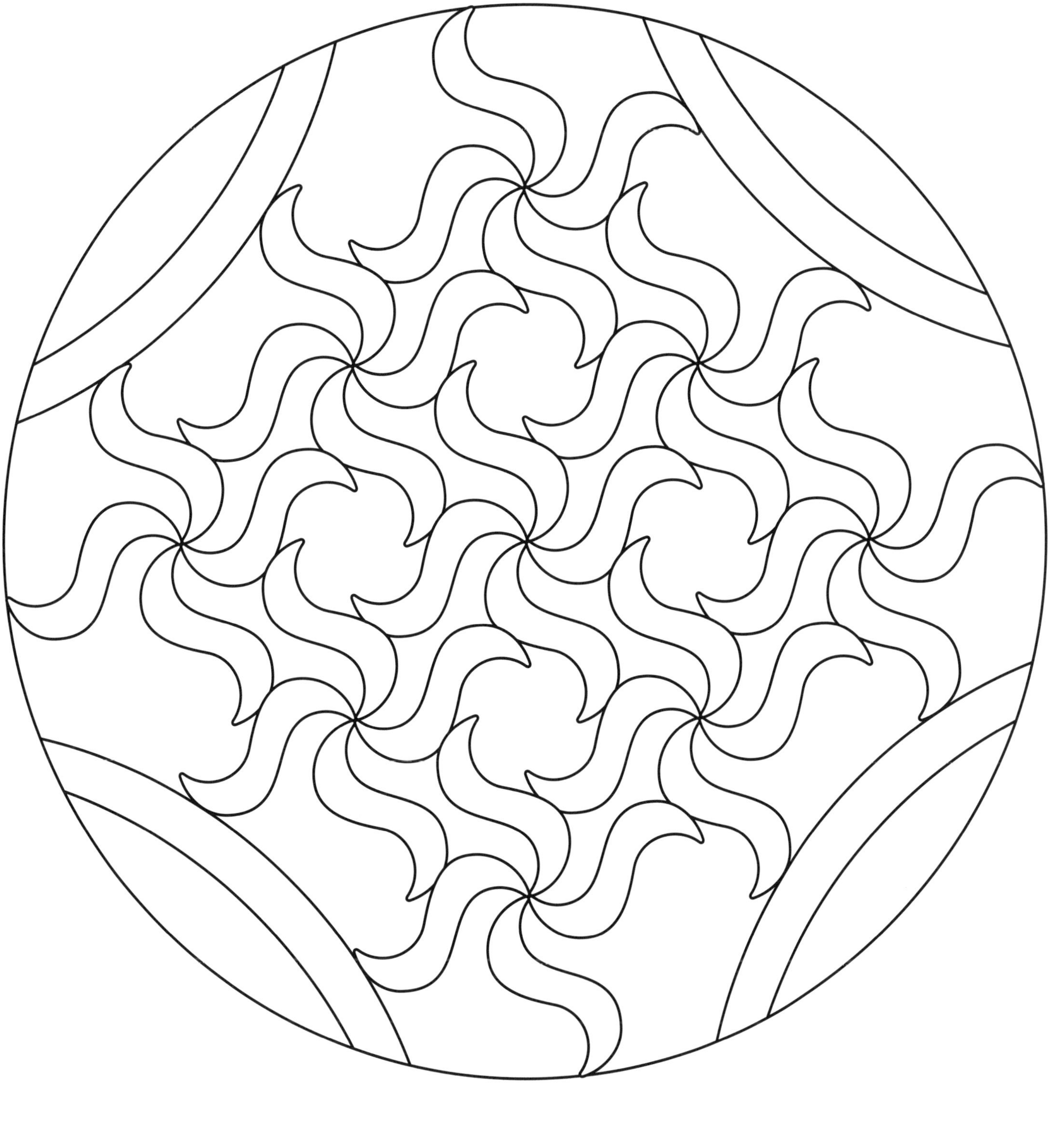

Die schönsten Mandalas
für den

WINTER

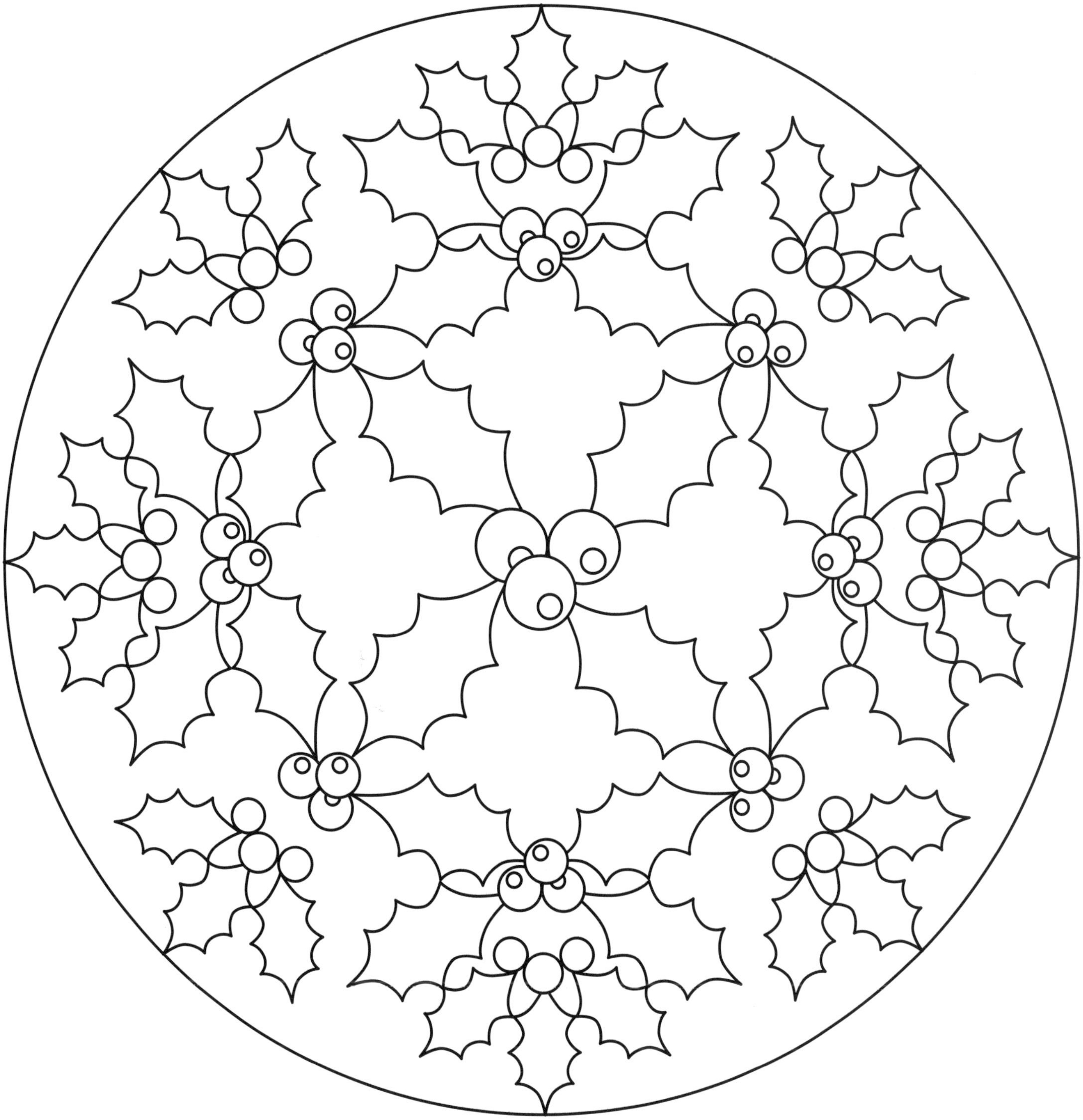